Gründe für Widerstände bei betrieblichen Veränderungsprozessen und darauf basierende Lösungsansätze

Herbert Wurst

Bibliografische Information der Deutschen Nationalbibliothek:

Die Deutsche Nationalbibliothek verzeichnet diese Publikation in der Deutschen Nationalbibliografie; detaillierte bibliografische Daten sind im Internet über http://dnb.d-nb.de abrufbar.

ISBN: 9783389055816
Dieses Buch ist auch als E-Book erhältlich.

Druck und Bindung: Books on Demand GmbH, Norderstedt Germany
Gedruckt auf säurefreiem Papier aus verantwortungsvollen Quellen

Das vorliegende Werk wurde sorgfältig erarbeitet. Dennoch übernehmen Autoren und Verlag für die Richtigkeit von Angaben, Hinweisen, Links und Ratschlägen sowie eventuelle Druckfehler keine Haftung.

Das Buch bei GRIN: https://www.grin.com/document/1496303

Hamburger Fern-Hochschule

Studiengang Psychologie

Hausarbeit
Gründe für Widerstände bei betrieblichen Veränderungsprozessen und darauf basierende Lösungsansätze

Modul Organisationspsychologie II (OR2)

Herbstsemester 2021/2022

von

Herbert Wurst

Abgabedatum: 29.01.2022

Inhaltsverzeichnis

1 Einleitung

Unternehmen sind permanenten Veränderungsprozessen unterworfen.

Ein wichtiger Grund hierzu sind regelmäßige Veränderungen der Märkte und der Zielgruppen.

Neue Mitbewerber kommen auf den Markt, neue Produkte und Innovationen, auch neue Strukturen bei den Kunden, erfordern Reaktionen, die auch mit organisatorischen Maßnahmen verbunden sind.

Die Digitalisierung der letzten Jahre und Jahrzehnte bewirkt in besonderer Weise Veränderungsprozesse.

Auch der Trend, immer schneller auf Veränderungen im Markt reagieren zu müssen, hat zu flacheren, entscheidungsfreudigeren Strukturen in Unternehmen geführt.

Einen erheblichen Beitrag zu Veränderungen hat auch der Arbeitsmarkt bewirkt. Mitarbeiter stellen hohe Anforderungen an ihren Arbeitsplatz. Sie wollen nicht nur Geld verdienen und/oder Karriere machen, sondern wollen sich auch in ihrer Arbeit verwirklichen, suchen Abwechslung und wollen Beruf und Familie miteinander vereinbaren.

Die notwendige Veränderungsbereitschaft der Unternehmen ist heute keine Frage mehr, um als Unternehmen zu überleben und erfolgreich sein zu können. Dies ist auch den meisten Mitarbeitenden in den Unternehmen bekannt.

Dennoch entstehen bei Veränderungsprozessen in Unternehmen, insbesondere wenn es organisatorische Veränderungen gibt, erhebliche Widerstände seitens der Mitarbeitenden.

Diesen Widerständen muss begegnet werden, um – wie oben dargelegt – den Erfolg des Unternehmens nicht zu gefährden.

Auf dieser Grundlage stellen sich die folgenden Fragen:

Welche Gründe gibt es für die Widerstände bei betrieblichen Veränderungs-prozessen, obwohl die Notwendigkeit permanenter Veränderungsprozesse bei den Mitarbeitern bekannt ist? Welche Beispiele für Lösungsansätze gibt es, um den Widerständen zu begegnen und notwendige Veränderungsprozesse erfolgreich umzusetzen?

2 Grundbegriffe

Die strukturelle Organisation in Unternehmen bezieht sich in erster Linie auf die organisatorische Struktur von Einheiten (Aufbauorganisation) und die Unternehmensabläufe (Ablauforganisation).

Organisation ist „die auf Dauer gerichtete, methodische Zuordnung von Menschen und Sachmitteln, um für deren bestmögliches Zusammenwirken im Sinne einer dauerhaften Erreichung vorgegebener Ziele die günstigsten Bedingungen zu schaffen." (Blohm, H., 1977, o. S.)

Im Folgenden wird auf die Aufbau- und die Ablauforganisation von Unternehmen eingegangen.

Ebenso werden die Begriffe der Veränderungsprozesse und der Widerstände dargelegt.

2.1 Aufbauorganisation

Nach Hub orientiert sich die Aufbauorganisation an den jeweiligen Aufgaben des Unternehmens (Hub, H., 1994, S. 11).

Die Beschreibung einer Aufgabe erfolgt in diesem Zusammenhang durch die Angabe der Verrichtung und des Objektes. Ziel der Aufgabe ist eine Veränderung des Objektes, verbunden mit Ort, Zeit und den Hilfsmitteln der Verrichtung. Diese Aufgabenbereiche müssen in der Aufbauorganisation sinnvoll gebildet und verteilt werden (Hub, H., 1994, S. 11, 12, 67).

Demgemäß muss die Aufbauorganisation eines Unternehmens so strukturiert sein, dass die vom Unternehmen angestrebten Ziele, und somit Aufgaben und Teilaufgaben, erfolgreich umgesetzt werden können.

2.2 Ablauforganisation

Nach Hub orientiert sich die Ablauforganisation an den Prozessen des Unternehmens. Im Rahmen der Ablauforganisation geht es um die Strukturierung von Arbeitsabläufen (Hub, H., 1994, S. 67).

„Bei einem Arbeitsablauf handelt es sich in diesem Zusammenhang um die räumliche und zeitliche Reihenfolge von zusammengehörenden Arbeitsgängen. Unter einem Arbeitsgang ist dabei die Verrichtung bzw. Verrichtungsfolge zu verstehen ist, die ein Aufgabenträger zwecks Aufgabenerfüllung an einem Objekt vollzieht." (Hub, H., 1994, S. 68).

Demgemäß muss die Ablauforganisation eines Unternehmens so strukturiert sein, dass die Tätigkeiten und Prozesse entsprechend miteinander verknüpft sind.

2.3 Veränderungsprozesse

Wie oben bereits dargelegt, gibt es vielfältige Gründe für organisatorische Veränderungen in Unternehmen.

Diese Veränderungen ziehen in der Regel Konsequenzen sowohl in der Aufbau-, als auch in der Ablauforganisation mit sich.

Dazu folgendes Beispiel:

„Die Umstellung von einem räumlich zentralisierten auf einen räumlich dezentralisierten Einkauf stellt als solches eine aufbauorganisatorische Maßnahme dar. Denkt man hier nur etwa an das Belegwesen, so wird klar, dass diese Veränderung im Aufbau mit entsprechenden Änderungen im Ablauf verbunden sein muß." (Hub, H., 1994, S. 67).

Somit hängen Aufbau- und Ablauforganisation stark miteinander zusammen, was bei allen Veränderungen bedacht werden muss.

2.4 Widerstände

Bereits das obige Beispiel zeigt, dass die organisatorischen Veränderungen im Einkauf auf Widerstände stoßen können.

Die Einrichtung eines dezentralen Einkaufs dürfte zur Folge haben, dass die Abteilung des zentralen Einkaufs geschlossen oder zumindest verkleinert wird, oder möglicherweise als koordinierende Abteilung bestehen bleibt.

Als Konsequenz könnten Arbeitsplätze verloren gehen, oder verlagert werden, jedenfalls stehen Veränderungen an.

3 Gründe für Widerstände bei Veränderungen

Je nachdem, wie die einzelnen Mitarbeitenden betroffen sind, zeigen sie unterschiedliche Reaktionen auf geplante Veränderungen.

Im Folgenden soll auf die persönliche psychische Ausgangssituation und die Bedürfnisse der Mitarbeitenden eingegangen werden.

3.1 Stabilität und Sicherheit

Viele der Mitarbeitenden benötigen für ihre psychische Stabilität, ihren dauerhaften Arbeitseinsatz und zur Aufrechterhaltung ihrer persönlichen Ressourcen, Stabilität und Sicherheit am Arbeitsplatz.

Dabei geht es nicht nur, aber auch, um finanzielle Sicherheit. Die Stabilität in der Arbeitsumgebung, also zu wissen, wo man steht, Kontrolle und Anerkennung, sollten aus Sicht der Mitarbeitenden stabil sein, oder sich positiv entwickeln.

Albert Lenz sieht die Aktivierung von Ressourcen und das menschliche Wohlbefinden in starkem Zusammenhang in Verbindung mit menschlichen Grundbedürfnissen wie Orientierung, Kontrolle und Selbstwerterhöhung (Lenz, A., 2000, S. 285).

Auch die Freiräume und tätigkeitsbezogenen Ressourcen sollten aus Sicht der Mitarbeitenden zumindest stabil bleiben.

Es handelt sich dabei um

- Handlungsspielraum (die Mitarbeitenden können entscheiden, wann und womit sie ihre Aufgaben durchführen).

- Gestaltungsspielraum (die Mitarbeitenden können dabei selbst entscheiden, auf welchen Wegen und mit welchen Methoden sie ihre Aufgaben erfüllen bzw. ausgestalten möchten).

- Entscheidungsspielraum (dies ist die höchste Stufe der Spielräume im Rahmen der Tätigkeit; die Aufgaben und die gewünschten Ergebnisse können selbst festgelegt werden).

Im Rahmen von organisatorischen Veränderungen werden Stabilität, Sicherheit und Handlungsspielräume in der Regel erheblich verändert.

3.2 Berufliche Identität

Für die berufliche Identität bestehen unterschiedliche Definitionen und Betrachtungsweisen im Sinne von Selbstwahrnehmung oder Außenwahrnehmung im sozialen Kontext:

Dabei kann grundsätzlich zwischen jenen Ansätzen unterschieden werden, welche sich auf die Selbstwahrnehmung in Form individueller selbstreflexiver Prozesse beziehen, und jenen, welche auf die Außenwahrnehmung und somit die Verortung des Individuums innerhalb eines sozialen Kontexts abstellen (vgl. Raeder und Grote 2007, S. 151).

Wenn man insbesondere von der Selbstwahrnehmung der Mitarbeitenden ausgeht, steht im Mittelpunkt, woran sich die Mitarbeitenden in ihrer fachlichen und sozialen Rolle im Unternehmen wiederfinden, und womit sie sich in ihrem Beruf und dem Betrieb identifizieren.

Organisatorische Veränderungen im Unternehmen können durch die Veränderung der Aufgaben, der Prozesse und der notwendigen Kenntnisse erhebliche Auswirkungen auf die Mitarbeitenden haben. Mitarbeitende finden sich nach den Veränderungen möglicherweise auf völlig anderen Positionen wieder, verbunden mit anderen sozialen Strukturen. Während sie auf der bisherigen Position sichere Kenntnisse hatten, werden diese möglicherweise in der neuen Position kaum mehr benötigt, und es müssen neue Kenntnisse erworben werden.

3.3 Selbstwirksamkeitserwartung

Der Begriff der Selbstwirksamkeitserwartung wurde von Bandura geprägt (Bandura, 1986, 1997, o. S.). Selbstwirksamkeitserwartung bezeichnet das Vertrauen einer Person, aufgrund eigener Kompetenzen gewünschte Handlungen auch in Extremsituationen erfolgreich selbst ausführen zu können.

Nach Schwarzer / Jerusalem wird die Selbstwirksamkeitserwartung definiert als die subjektive Gewissheit, neue oder schwierige Anforderungssituationen auf Grund eigener Kompetenz bewältigen zu können. Dabei handelt es sich nicht um Aufgaben, die durch einfache Routine lösbar sind, sondern um solche, deren Schwierigkeitsgrad Handlungsprozesse der Anstrengung und Ausdauer für die Bewältigung erforderlich macht (Schwarzer, R. / Jerusalem, M., 2002, S. 35).

Die Selbstwirksamkeitserwartung bezieht sich somit auf die eigene Handlungsfähigkeit.

Da in einer neuen Position nach einer organisatorischen Veränderung zunächst Kenntnisse fehlen können, schränkt dies auch die Handlungsfähigkeit und somit die Selbstwirksamkeitserwartung ein.

Da möglicherweise auch der eigene Einfluss auf die organisatorischen Veränderungen an sich recht gering sein kann, kann auch dies die Selbstwirksamkeitserwartung beeinträchtigen.

Die Selbstwirksamkeitserwartung spielt jedoch eine erhebliche Rolle im Rahmen der psychologischen Ressourcen der Mitarbeitenden, und somit auch für den Unternehmenserfolg und die Umsetzung organisatorischer Veränderungen.

Das Institut für Psychologie der Universität Innsbruck kam im Rahmen einer Untersuchung zu dem Ergebnis, dass ein wichtiger Aspekt, der die berufliche Sinnerfüllung stärkt, die berufliche Selbstwirksamkeit ist, und dass die berufliche Selbstwirksamkeit und das Sinnerleben eine wichtige individuelle Arbeitsressource darstellt und letztlich zu einem verbesserten Wohlbefinden führt (Lampert, B., et al., 2021, S. 185, 186).

4 Lösungsansätze zum Umgang mit Widerständen

Bisher wurden einige Gründe für Widerstände der Mitarbeitenden bei organisatorischen Veränderungen aufgezeigt.

Befürchtete Veränderungen in der Stabilität und Sicherheit, der Verlust beruflicher Identität und Selbstwirksamkeit sind nicht die ausschließlichen Gründe für Widerstand der Mitarbeitenden gegen Veränderungen, aber sie können wesentliche Gründe sein.

Es ergeben sich aber auch Chancen aus organisatorischen Veränderungen, die ins Bewusstsein gerufen werden können.

Wenn mit den Widerständen nicht angemessen umgegangen wird, so drohen die organisatorischen Veränderungen zu scheitern, und auch der Unternehmenserfolg. Unabhängig davon, ob die Mitarbeitenden aktiv gegen die Veränderungen arbeiten, sie passiv blockieren oder das Unternehmen verlassen, schadet all dies der Umsetzung.

Im Folgenden werden einige Ansätze zur erfolgreichen Umsetzung von organisatorischen Veränderungsprozessen und zur Vermeidung von Widerständen dargelegt.

4.1 Kommunikation

Mitarbeitende sind verunsichert, wenn sie nicht wissen, was auf sie zukommt.

Deshalb ist es wichtig, mit ihnen frühzeitig zu sprechen, die Situation und Perspektiven zu erörtern.

„Veränderungsprozesse stören das Gleichgewicht zwischen Identität, Handeln, und Wissen in einer Organisation." ….." Deshalb sollten die Auswirkungen von Veränderungsprozessen auf die berufliche Identität frühzeitig mit am stärksten betroffenen Mitarbeitenden besprochen werden: Wie könnten Szenarien aussehen, in denen sie sich in der „neuen Organisation" wiederfinden? Geschieht dies rechtzeitig, kann am ehesten verhindert werden, dass Personen das Unternehmen verlassen oder versuchen, die Veränderung zu blockieren. Im besten Fall kann die Erfahrung und Expertise dieser Person so produktiv für den Veränderungsprozess genutzt werden (Kump, B., 2014, S. 142).

4.2 Change Management

Im Zusammenhang mit Change Management sei die Kübler-Ross-Change-Kurve erwähnt.

Diese wurde in den 60er Jahren entwickelt und basierte zunächst auf der emotionalen Entwicklung von Menschen, denen der Tod bevorstand. Diese Entwicklung wurde auf die Akzeptanz von Veränderungsprozessen übertragen.

Demnach können Veränderungsprozesse in den folgenden Phasen ablaufen (vereinfacht in 3 Phasen dargestellt):

- Phase 1:   Schock und Verneinung
- Phase 2:   Wut, Verhandeln, Akzeptanz, Überlegung
- Phase 3:   Wahl und Integration

Dabei steigt die wahrgenommene Kompetenz, die Veränderungen zu beeinflussen, in der ersten Phase an, sinkt in der zweiten Phase ab und erreicht ihren Höhepunkt in der dritten Phase bei der Integration.

Diese Change-Management-Phasen sind wiederum mit umfangreicher Kommunikation und Begleitung während des Veränderungsprozesses verbunden.

4.3 ADKAR

ADKAR ist ein von Jeff Hiatt entwickeltes Modell, das besagt, dass Menschen bestimmte Voraussetzungen benötigen, um eine dauerhafte Veränderung zu erreichen:

- Awareness (Bewusstsein)
- Desire (Wunsch)
- Knowledge (Wissen)
- Ability (Fähigkeit)
- Reinforcement (Verstärkung)

Unter Berücksichtigung dieser Aspekte und in Verbindung mit angemessener Kommunikation kann die Akzeptanz von Veränderungsprozessen erreicht werden.

4.4 Weitere Lösungsansätze

Torsten Brandenburg hebt die Bedeutung von Vertrauensbildung bei Veränderungsprozessen hervor. „Vertrauen kann in Zeiten kontinuierlichen Wandelns ein Fundament bieten, auf dem die ständigen Veränderungen getragen werden können." (Brandenburg, T., 2009, S. 223).

Konrad Krafft beschreibt in einem Fachartikel neun Tipps für den digitalen Umbau des Unternehmens (Krafft, K., 2021, o. S.):

- Vision entwickeln – Ziele definieren
- Hierarchische Strukturen auflösen
- Teams eigenständig agieren lassen
- Interne Startups gründen
- Agiles Handeln forcieren
- Transparenz leben
- Daten analysieren und nutzen
- Die Teams vernetzen
- Automatisieren

Auch wenn die Überlegungen von Krafft sich in erster Linie an Softwareunternehmen als Vorreiter von organisatorischen Veränderungsprozessen richten, können sie teilweise als allgemeingültig betrachtet werden. Die Tipps enthalten viele operationale Elemente, zeigen aber auch viele Bestandteile, die ein grundsätzliches Umdenken der Mitarbeitenden erfordern, zum Beispiel Vernetzung, Agilität und Transparenz bei Auflösung hierarchischer Strukturen.

5 Methodisches Vorgehen

Zunächst musste der Autor dieser Hausarbeit ein Thema finden, das im entsprechenden Rahmen überschaubar und geeignet ist.

Durch die Erfahrung als Geschäftsführer in einem Softwareunternehmen, sowie durch Erfahrungen im Rahmen anderer Tätigkeiten, ergänzt durch das Psychologiestudium, konnte der Autor dieser Arbeit zu diesem Thema auch bereits Erfahrungen vorweisen.

Bei der Recherche wurden unter anderem die folgenden Möglichkeiten genutzt:

Suchhilfe	Suchbegriffe	Treffer
Google Scholar	Widerstände in Veränderungsprozessen	ca. 19.400
Google Scholar	Selbstwirksamkeit	8.540
Google Scholar	Berufliche Identität	ca. 120.000
WISO	Berufliche Identität	9.420
WISO	Change Management	172.167
Springer	Change Management	2.264.045
Springer	ADKAR	197

6 Fazit

Es ist unumstritten, dass Unternehmen permanente Veränderungsprozesse benötigen, um auf dem Markt zu bleiben und sich weiterzuentwickeln.

Ob die jeweilige organisatorische Veränderung letztlich die richtige ist, sei dahingestellt. Dies hat die Unternehmensleitung einzuschätzen, durchzuführen oder zu korrigieren.

Das oben genannte Beispiel der Dezentralisierung des Einkaufs hat in der Regel erhebliche Konsequenzen für das Personal. Die Abwägung zwischen den möglicherweise günstigeren Preisen beim zentralen Einkauf, der Marktnähe beim dezentralen Einkauf, den personellen Veränderungen etc. kann jeweils in Bezug auf die nähere Zukunft eingeschätzt werden.

Ist eine Entscheidung einmal gefällt, so kann sie nur schwierig gegen eine Vielzahl der Mitarbeitenden durchgesetzt werden. Die Umsetzung kann aktiv oder passiv behindert werden, oder Mitarbeitende können das Unternehmen verlassen.

Die Mitarbeitenden könnten aber auch ihr Wissen und ihre Unterstützung in den Umsetzungsprozess einbringen.

Im Rahmen dieser Hausarbeit wurden wesentliche Gründe für Widerstände der Mitarbeitenden aufgezeigt und verschiedene Lösungsmöglichkeiten in Betracht gezogen. Es handelt sich hierbei um Aspekte, die kombinierbar sind. Der wichtigste gemeinsame Nenner ist die frühzeitige Kommunikation mit den Betroffenen und deren Einbeziehung in die Entscheidungen, sofern dies möglich ist.

In der Realität wird dies jedoch häufig nicht ausreichend umgesetzt, insbesondere die Involvierung der Betroffenen in die entsprechenden Entscheidungsprozesse. Dies geht oft zu Lasten des Umsetzungserfolges, der Motivation der Mitarbeitenden, bis hin zum Verlust wertvoller Mitarbeiter. Insbesondere können die Erfahrungen und Kenntnisse der Mitarbeiter in diesem Fall nicht in die Entscheidungen einfließen, was möglicherweise bedeutet, dass die Entscheidung von sich aus nicht umsetzbar ist. Dies gilt zum Beispiel für Zentralisierungsprozesse ohne Berücksichtigung der lokalen Notwendigkeiten.

Diese Zusammenhänge sollte weiter beforscht und kommuniziert werden.

7 Literaturverzeichnis

Bandura, A. (1986). *Social foundations of thought and action: A social cognitive theory.* Englewood Cliffs, NJ: Prentice Hall.

Bandura, A. (1997). *Self-efficacy. The exercice of control.* New York, NJ:Freeman.

Blohm, H. (1977). *Organisation, Information und Überwachung.* Wiesbaden: Gabler Verlag.

Brandenburg, T. (2009). *Vertrauen in Veränderungsprozessen.* Praxis der Wirtschaftspsychologie. Münster.

Hiatt, J. (2006). *ADKAR: A model for change in business, government, and our community.* Prosci.

Hub, H. (1994*). Aufbauorganisation, Ablauforganisation.* Wiesbaden: Gabler Verlag.

Kump, B. (2014). *Change? Nicht mit uns! Widerstände in Veränderungs-prozessen.* Wissens.blitz (142). http://www.wissensdialoge.de/widerstand

Krafft, K. (2021). *Neun Tips für den digitalen Umbau des Unternehmens.* München: in Computerwoche Nr. 50/21, IDG Business Verlag GmbH

Lampert, B., Hornung, S., Glaser, J. (2021) *Detached Concern und Wohlbefinden: berufliche Selbstwirksamkeit und Sinnerfüllung als vermittelnde psychische Ressourcen.* Präv. Gesundheitsf. 2021 – 16: 179-187. Innsbruck: Institut für Psychologie, Universität Innsbruck.

Lenz, A. (2000). *Förderung sozialer Ressourcen – eine gemeindepsychologische Perspektive.* Paderborn: Katholische Fachhochschule Nordrhein-Westfalen.

Raeder, S., & Grote, G. (2007). *Career changes and identity continuities—a contradiction?* In A. Brown, S. R. Kirpal & F. Rauner (Hrsg.), *Identities at work* (S. 147–182). Dordrecht: Springer.

Schwarzer, R., Jerusalem, M. (2002). *Das Konzept der Selbstwirksamkeit.* Zeitschrift für Pädagogik, Mai 2002, 44. Beiheft. Weinheim, Basel: Beltz Verlag